AF564119

V
763

METHODE

DE

STÉNOGRAPHIE MUSICALE

OU

LA MUSIQUE RENDUE FACILE

PAR LA SUPPRESSION DES PORTÉES ET DES CLÉS

PAR LÉON **LABATUT** STÉNOGRAPHE

A CONDOM (GERS)

PRIX 3 Frans 75 c.

F. FRANCO

18 CONDOM GERS LÉON LABATUT RUE BAZAX 18

— Note de l'Auteur. —

Sollicité par plusieurs de mes collègues de faire paraître ma méthode dans un bref délai, on voudra bien excuser les quelques erreurs qui se sont glissées dans le tirage de cette première édition.

Les éditions suivantes d'ouvrages en sténographie musicale, seront livrées d'une manière irréprochable sous tous les rapports et sans augmentation de prix.

4° V 01172

169 89.

MÉTHODE

OU

LA MUSIQUE RENDUE FACILE

PAR LA SUPPRESSION DES PORTÉES ET DES CLÉS

PAR LÉON **LABATUT** STÉNOGRAPHE

A CONDOM GERS

PRIX 3 Frans 75 c[tes]

FRANCO

18 *CONDOM* GERS LÉON LABATUT *RUE BAZAX* 18

Tout exemplaire qui ne portera pas l'écriture et la signature autographes de M. L. Labatut auteur-éditeur et qui ne sera pas revêtu de son sceau particulier, sera réputé contrefait.

Les contrefacteurs seront poursuivis conformément à la loi.

L. Labatut

BUREAUX

Prix de la Méthode 3 f. 50 c. Franco : 3 f. 75

— Errata. —

La 3e Livraison (Pages 7 à 14) étant intercalée, on est prié de suivre les numéros par ordre.

N.-B. = A tout acheteur de la Méthode tous renseignements seront donnés sur demande affranchie et renfermant un timbre pour la réponse, à l'adresse de l'Auteur.

(Ouvrage [illegible])

Préface

A l'heure où la sténographie fait de si grands progrès en France, à l'exemple notamment de l'Allemagne de l'Angleterre et des Etats Unis où cette science est appliquée à tous les travaux administratifs industriels et commerciaux, le besoin se fait sentir pour nous Français d'adapter la sténographie à l'art musical. C'est à cet effet que j'ai composé ce petit ouvrage.

La sténographie que j'ai employée étant nouvelle, il ne sera pas nécessaire d'avoir de connaissances spéciales pour faire l'étude de mon travail qui ne comporte que quelques signes tous d'un tracé facile et rapide.

Ecrire la musique courammment comme nous écrivons ordinairement, écrire d'un seul trait de plume le nom de la note sa valeur et son octave sans déroger aux règles de l'harmonie tel a été mon but.

Par suite de ce procédé, la portée musicale se trouvant supprimée, il ne sera plus possible de trouver de difficultés à lire les notes, surtout celles usitées pour les instruments aigus, comme le violon, la flûte la clarinette ainsi que celles pour les instruments graves, tels que le violoncelle, la contre-basse &a &a.

La suppression de la portée entraînant la disparition des clés d'Ut et de fa, seule la clé de sol servira seulement et pour mémoire; elle sera la base des octaves qui partiront toutes du sol de la clé.

La Musique vulgaire dont les notes et leurs altérations sont écrites éparses sur cinq lignes horizontales m'a amené bien des fois à faire les considérations suivantes:

Un élève possédant bien

le tableau de la valeur des notes et celui de chaque mesure ne sera point embarrassé pour faire l'analyse d'une mesure quelconque; il saura parfaitement que le six-huit est représenté par une blanche pointée ou par deux noires pointées ou six croches; — que le trois-huit comporte une noire pointée ou trois croches &a. Le calcul de notes ne décourage pas l'élève. Après l'étude des valeurs, l'élève devra apprendre à en faire l'application en nommant les notes et en attribuant à chacune d'elles sa valeur et cela dans tous les rhythmes de la musique et dans tous les mouvements. L'élève qui n'éprouvait pas de difficulté dans le calcul des valeurs en aura de bien grandes pour la lecture des rhythmes. Cela se conçoit d'autant mieux que les notes qu'il apprend à nommer se trouvent toutes disséminées sur cinq lignes horizontales et dans quatre interlignes; qu'à l'école, il n'a pas appris à lire dans un livre ayant ce nombre de lignes pour un seul mot, mais une seule ligne où les mots se succédaient régulièrement. Il lui faudra donc du temps beaucoup de temps avant de pouvoir lire les notes dans un mouvement rapide et cependant, l'élève doit savoir lire dans tous les rhythmes avant de chanter ou de jouer un morceau.

Au risque de trouver plus tard des difficultés insurmontables, l'élève doit étudier pendant un an le solfège avant de prendre un instrument quelconque. Mais, qu'il la trouve aride cette étude des rhythmes ! Quel pénible travail que celui de répéter constamment les sept noms de notes éparpillées sur la portée musicale !

Tous les élèves qui ont envie de devenir musiciens, ont-ils le courage de supporter cette rude épreuve ? Ne semble-t-il extraordinaire aux parents qu'il faille six mois, un an, à un élève avant de savoir assez bien lire la musique ? Mais, ne voit-on pas des élèves qui après six mois, trois mois, un mois même de solfège commencent déjà à jouer d'un instrument avec tel maître qui, au bout de trois mois plus tard le reconnait après de faire partie d'une société musicale ?

Et les élèves que ce professeur a fait arriver si rapidement au grade d'instrumentistes et de membres d'une société musicale, ces élèves qui ont abandonné si vite leur solfège, ne se décourageront-ils pas en entendant les observations que le chef sera inévitablement obligé de leur faire à chaque instant dans ses répétitions ? — Que fera l'élève en pareille occurrence ? Il manquera d'assiduité ; s'embrouillant dans la lecture des rhythmes, il abandonnera souvent chez lui le morceau à moitié étudié, il passera des journées sans toucher son instrument, il n'aura plus la patience de le faire résonner et sûrement s'il ne s'est pas lancé dans la routine, finira par être totalement dégoûté de l'étude musicale où il espérait aboutir à de bons résultats.

Quelle est la cause de ce découragement ?

C'est le manque de lecture occasionné par l'énorme difficulté de lire et de faire lire les notes toutes éparses sur une portée de cinq lignes et quatre interlignes avec les autres signes placés sans ordre.

Sur ce chapitre d'ailleurs, J.J. Rousseau s'exprime ainsi dans son Dictionnaire de Musique :

« En général, on peut réduire les vices de la musique ordinaire à « trois classes principales : La première « est la multitude des signes et de leurs « combinaisons qui surchargent inutilement l'esprit et la mémoire des commençants ; de façon que l'oreille étant « formée et les organes ayant acquis toute « la facilité nécessaire longtemps avant « qu'on soit en état de chanter à livre « ouvert, il s'ensuit que toute la difficulté est toute dans l'observation des « règles et nullement dans l'exécution du « chant. — La deuxième, est le défaut « d'évidence dans le genre des intervalles « exprimés sur la même ou sur différentes clés, défaut d'une si grande « étendue que non seulement il est

« la cause principale de la lenteur du « progrès des écoliers mais encore qu'il « n'est point de musiciens formés qui « n'en soient quelquefois incommodés « dans l'exécution. — La troisième enfin « est l'extrême difficulté des caractères « et le trop grand volume qu'ils occu- « pent ; ce qui, joint à ces lignes et à « ces portées si ennuyeuses à tracer, « devient une source d'embarras de « plus d'une espèce. »

C'est à ce grand inconvénient que j'ai voulu remédier. Mon but en supprimant la portée a été de permettre d'écrire les notes les unes à la suite des autres, comme nous écrivons les lettres ordinaires, de pouvoir tracer autant que possible d'un seul trait de plume le nom de la note son octave et sa valeur et enfin de supprimer l'étude difficile des clés qui changent complètement le nom des notes sur la portée, — espérant par ce moyen arriver à former en moins de temps un élève que par les anciens procédés et l'empêcher de se décourager si vite de la musique dont il ne trouvera plus la lecture fatigante et difficile, mais amusante et récréative.

C'est ainsi qu'en faisant ce travail je me suis efforcé d'atteindre le but proposé par Rousseau dans sa Dissertation sur la musique ordinaire, où on lit ce qui suit :

« Le système que je propose, roule sur deux objets principaux : l'un « de noter la musique et toutes ses diffi- « cultés d'une manière plus simple, plus « commode et sous un moindre volume. « Le deuxième, et le plus considérable, est « de la rendre aussi aisée à apprendre « qu'elle a été rebutante jusqu'à présent, « d'en réduire les signes à un plus petit « nombre, sans rien retrancher de l'ex- « pression »

Mais en matière musicale, un système sténographique trop abréviatif qui écrirait par exemple toute une mesure dans un seul sténogramme, nuirait beaucoup à l'exécution. C'est pourquoi, j'ai maintenu la séparation des mesures et la régularité dans l'écriture des notes.

Si mes prévisions sont justes, si je ne me suis point trompé en pensant que le moment était venu d'abréger d'une manière raisonnable par la sténographie notre écriture musicale je suis persuadé que mon système sténographique musical sera désormais employé.

Je dirai alors avec J.J. Rousseau : « Les maîtres ne doivent "pas craindre de redevenir écoliers ; "ma méthode est si simple qu'elle « n'a besoin que d'être lue et « non pas étudiée. »

Condom, le 30 Septembre 1889.

L. Labatut

J. Labussa Imprimeur-autographe
Boulev.d des Cordeliers
à Condom (Gers)

Notions préliminaires de la Musique sténographiée

* XX *

Article 1er

De la position de la Clé

La clé de sol est seule en usage mais ne s'écrit pas. Elle est le point de départ pour la lecture des octaves placées au dessus ou au dessous du sol noté écrit sur la deuxième ligne de la musique ordinaire. Il suffit de retenir cela

—

Article 2e

Du nombre de notes qui servent à écrire la musique

Les notes de la musique sont au nombre de sept que tous nommez : do, ré, mi, fa, sol, la, si.

Sténographie musicale Labutuz.

Ces notes font cinq tons et deux demi tons et forment ce qu'on appelle la Gamme.

Le modèle des tons majeurs est le ton de do naturel.

Ainsi :

De do à ré il y a un ton
De ré à mi il y a un ton
De mi à fa id — un demi ton
De fa à sol id — un ton
De sol à la id un ton
De la à si id un ton
De si à do id un demi ton.

Article 3e
De la Valeur des Notes.

Les valeurs sont au nombre de sept savoir : La Ronde, la Blanche, la Noire, la Croche, la Double-croche, la Triple-croche et la Quadruple croche

On divise ces notes en ~~sept~~ tableaux :
+
1° La Ronde vaut 2 blanches, ou quatre noires, ou 8 croches, ou 16 doubles croches, ou 32 triples croches, ou 64 quadruples croches.

+

2° La Blanche vaut 2 noires, ou 4 croches, ou 8 doubles croches, ou 16 triples-croches ou 32 quadruples croches.

+

3° La Noire vaut 2 croches ou 4 doubles-croches ou 8 triples croches, ou 16 quadruples-croches.

+

4° La Croche vaut 2 doubles-croches ou 4 triples croches ou 8 quadruples croches.

+

5° La Double-croche vaut 2 triples croches ou 4 quadruples croches

+

6° La Triple-croche vaut 2 quadruples croches.

Article 4

De la Durée des Notes.

Explication des Tableaux qui précèdent.

Puisque la ronde vaut quatre temps et que la ronde vaut 2 blanches; il faudra 2 blanches pour faire 4 temps; donc la blanche vaut 2 temps.

Puisque la ronde vaut 4 temps et que la ronde vaut 4 noires, il —

faudra 4 noires pour faire 4 temps ; donc la noire vaut un temps.

Puisque la ronde vaut 4 temps et que la ronde vaut 8 croches, il faudra 8 croches pour faire 4 temps ; donc, la croche vaut un demi temps.

Puisque la ronde vaut 4 temps et que la ronde vaut 16 doubles croches, il faudra 16 doubles croches pour faire 4 temps ; donc la double-croche vaut un quart de temps.

Puisque la ronde vaut 4 temps et que la ronde vaut 32 triples croches, il faudra 32 triples-croches pour faire 4 temps ; dont, la triple-croche vaut un huitième de temps.

Puisque la ronde vaut 4 temps et que la ronde vaut 64 quadruples croches, il faudra 64 quadruples croches pour faire quatre temps ; donc la quadruple-croche vaut un seizième de temps.

Article 5e

De la Valeur du Point après les Notes.

Le Point placé après une note quelconque, l'augmente de la moitié de sa valeur, ce qui donne le résultat suivant :

La ronde sans point vaut 2 blanches. La moitié de 2 est 1 qui est à ajouter : la ronde pointée vaut 3 blanches.

La blanche sans point vaut 2 noirs. La moitié de 2 est 1 qui à ajouter : La blanche pointée vaut 3 noirs.

La noire sans point vaut 2 croches. La moitié de 2 est 1 qui est à ajouter La noire pointée vaut 3 croches.

La croche sans point vaut 2 doubles croches. La moitié de 2 est 1 qui est à ajouter : La croche pointée vaut 3 doubles-croches.

La double-croche sans point vaut 2 triples-croches. La moitié de 2 est 1 qui est à ajouter : La triple-croche pointée vaut 3 triples croches.

La triple croche sans point vaut 2 quadruples-croches. La moitié de 2 est 1 qui est à ajouter : La triple-croche pointée vaut 3 quadruples-croches.

Article 6.

Du second point après le note.

Un second point augmente encore la note de la moitié de la valeur du premier point. Soit, le résultat suivant.

La ronde pointée vaut 3 blanches. La valeur du premier point est une blanche et la moitié de la valeur de cette blanche, est une noire ; La ronde avec 2 points vaut 3 blanches et une noire.

La blanche pointée vaut 3 noires La valeur du premier point est une noire et la moitié de cette noire est une croche ; La blanche avec 2 point vaut 3 noirs et une croche.

La noire pointée vaut 3 croches. La valeur du premier point est une croche et la moitié de cette croche est une double-croche ; La noire avec deux points vaut 3 croches et une double-croche. La croche pointée vaut 3 doubles croches. La valeur du premier point est une double-croche et la moitié de cette double-croche est une triple-croche ; La croche avec 2 points vaut 3 doubles croches et une triple-croche.

La double-croche pointée vaut 3 triples-croches. La valeur du premier point est une triple-croche et la moitié de cette triple croche est une quadruple croche ; La double croche avec deux points vaut trois triplescroche et une quadruple croche.

Article 7
Du Nom et de la Valeur des Silences.

Il y a sept silences dans la musique. Ce sont des temps de repos qui ont la même valeur que les notes qu'ils représentent dans le cours d'un morceau. Ils sont écrits isolément dans la mesure et ont la même figure que la valeur des notes ainsi qu'on le verra plus loin.

Les sept silences se nomment: La pause; la demi pause; le soupir; le demi soupir; le quart de soupir; le huitième ou demi-quart de soupir; et le seizième de soupir.

On marque le silence d'une ronde, par une pause; d'une blanche, par une demi-pause; d'une noire, par un soupir; d'une croche, par un demi soupir; d'une double croche, par un quart de soupir; d'une triple-croche, par un demi-quart de soupir; d'une quadruple-croche, par un seizième de soupir.

Les Bémols exercent leurs fonctions sur les Notes rangées dans l'ordre suivant : si, mi, la, ré, sol, do, fa, si.

Le premier bémol baisse le si d'un demi-ton et s'appelle si bémol. Le deuxième baisse le mi d'un demi ton et s'appelle mi bémol. Le troisième baisse le la d'un demi-ton et s'appelle la bémol. Le quatrième baisse le ré d'un demi-ton et s'appelle ré bémol. Le cinquième baisse le sol d'un demi-ton et s'appelle sol bémol. Le sixième baisse le do d'un demi-ton et s'appelle do bémol. Le septième baisse le fa d'un demi-ton et s'appelle fa bémol.

Le double bémol baisse la note d'un ton.

Les signes altératifs écrits au commencement de la ligne musicale exercent leurs fonctions dans le courant d'un morceau sur toutes les notes dont ils portent le nom correspondants.

Au contraire, les signes altératifs écrits accidentellement

n'exercent leurs fonctions que pendant la durée de la mesure où ils se trouvent.

Article 12
De la distinction du Mode Majeur et du Mode Mineur.

Il y a deux modes dans la musique : le mode majeur et le mode mineur. Chaque ton majeur a un ton relatif.

Les tons relatifs sont ceux qui ont des signes d'altération au commencement de la ligne et dont le nombre est le même.

Le modèle des tons majeurs est le ton de do naturel.

Le modèle des tons mineurs est le ton de la naturel.

On reconnaît lorsqu'un mode est majeur, quand il y a deux tons de la première note à la troisième, en partant du ton de do naturel. Exemple : de do à ré un ton ; de ré à mi, un ton.

On reconnaît lorsqu'un mode est mineur, quand il n'y a qu'un ton et un demi ton de la première note à la troisième, en partant du ton de la

J. Labassa impeur autograph. Condor (Gers)

le premier se fait en frappant, le deuxième à droite et le troisième à gauche.

3° Pour la mesure à quatre temps, le premier se fait en frappant, le second à gauche, le troisième à droite et le quatrième en levant.

Article 10

Des signes altératifs et de leurs effets.

Les signes altératifs sont :
Le dièze, le double dièze, le bémol, le double bémol et le bécarre.

Le dièze sur une note naturelle hausse la note d'un demi ton chromatique

Le bémol sur une note naturelle baisse la note d'un demi ton chromatique

Pour pouvoir mettre un dièze ou un bémol sur une note, il faut que cette note soit naturelle.

Le bécarre placé sur une note remet cette note dans son ton naturel

Pour pouvoir mettre un bécarre sur une note, il faut que la note soit diézée ou bémolisée.

Article 11.

De la Position des signes altératifs et de leurs fonctions sur les notes.

—

Les signes altératifs se placent au dessus du nom de la note, sans toucher au signe de l'octave.

Les Dièzes exercent leurs fonctions sur les notes rangées dans l'ordre suivant : fa, do, sol, ré, la, mi, si, fa ; — d'où il suit qu'il y a sept dièzes et un double dièze.

Le premier dièze hausse le fa d'un demi ton et se nomme fa dièze. Le deuxième hausse le do d'un demi ton et s'appelle do dièze. Le troisième hausse le sol d'un demi ton et s'appelle sol dièze. Le quatrième hausse le ré d'un demi ton et s'appelle ré dièze. Le cinquième hausse le la d'un demi ton et s'appelle la dièze. Le sixième hausse le mi d'un demi-ton et s'appelle mi dièze. Le septième hausse le si d'un demi ton et s'appelle si dièze.

Le Double dièze hausse la note d'un ton.

Article 8.
De la Mesure

La mesure est la division de la durée des notes et des silences en plusieurs parties égales qu'on nomme temps, lesquelles sont renfermées dans l'espace de deux petites lignes horizontales appelées lignes de séparation.

Les mesures principales sont : la mesure à 4 temps, la mesure à 3 temps et la mesure à 2 temps.

Ces mesures appelées mesures simples sont représentées comme suit :

La mesure à quatre temps est représentée par le chiffre 4 ou bien par un C ; La mesure à trois temps est représentée par le chiffre 3 ou la fraction $\frac{3}{4}$. La mesure à deux temps est représentée par le chiffre 2 ou la fraction $\frac{2}{4}$.

Les Mesures composées les plus usitées sont au nombre de 3, savoir : La mesure à six-huit, la mesure à trois-huit et la mesure à douze-huit

La mesure à six-huit, qui

se bat à deux temps, est représentée par la fraction $\frac{6}{8}$. La mesure à trois-huit qui se bat à trois temps, est représentée par la fraction $\frac{3}{8}$. Et la mesure à douze-huit qui se bat à quatre temps est représentée par la fraction $\frac{12}{8}$.

Ces mesures sont représentées par des fractions, parce qu'elles sont les six-huitièmes, les trois huitièmes et les douze-huitièmes de la ronde ; — de même que le deux-quatre représente les deux quarts ou la moitié de la ronde et le trois-quatre représente les trois quarts de la ronde.

Article 9
Manière de battre la Mesure.

Battre la mesure, c'est indiquer par un mouvement du pied ou de la main, la division des temps qui la composent.

Chaque temps se marque ainsi :

1° Pour la mesure à deux temps, le premier se fait en frappant ; le deuxième en levant.

2° Pour la mesure à trois temps,

naturel, modèle des tons mineurs.
Exemple: de la à si un ton; de si à do, un demi ton.

Le ton naturel existe lorsqu'il n'y a ni dièze ni bémol à la ligne.

Quand il n'y a ni dièze ni bémol à la ligne, on est en do majeur ou en la mineur.

Dièzes.

Avec un dièze à la ligne, on est en sol majeur ou en mi mineur. Avec deux dièzes, en ré majeur ou en si mineur. Avec trois dièzes, en la majeur ou en fa dièze mineur; Avec quatre dièzes, en mi majeur ou en do dièze mineur. Avec cinq dièzes, en si majeur ou en sol dièze mineur. Avec six dièzes, en fa dièze majeur ou en ré dièze mineur. Avec sept dièzes, en do dièze majeur ou en la dièze mineur.

Bémols.

Avec un bémol à la ligne, on est en fa majeur ou en ré mineur. Avec deux bémols, en si bémol majeur ou en sol mineur. Avec trois bémols, en mi bémol majeur, ou en do mineur. Avec quatre bémols, en la bémol majeur ou en fa mineur. Avec cinq bémols à la ligne en ré bémol majeur ou en si bémol mineur. Avec six bémols, en sol bémol majeur ou en mi bémol mineur. Avec sept bémols, en do bémol majeur ou en la bémol mineur.

Article 13.
Des Intervalles des Notes dans l'ordre naturel.

En prenant la Gamme qui commence par le ton de do naturel, on nomme la distance de do à do : Unisson. De do à ré : Seconde. De do à mi : tierce. De do à fa : quarte. De do à sol : quinte. De do à la : sixte. De do à si : septième. De do à do : octave.

Article 14.
Du Renversement des Intervalles dans l'Ordre naturel.

Un unisson renversé devient : octave. Une seconde renversée devient : septième. Une tierce renversée devient : sixte. Une quarte

43 Livr.

renversée devient : quinte. Une quinte renversée devient : quarte. Une sixte renversée devient : tierce. Une septième renversée devient : seconde. Une octave renversée devient unisson.

Article 15

Des signes employés dans la Musique.

La liaison se place au dessus de plusieurs notes et indique qu'il faut en lier les sons. Lorsque la liaison ⁀ lie deux notes du même nom et de la même octave, elle prend le nom de syncope et indique qu'il ne faut pas répéter la seconde note.

Les petites notes ou notes d'agrément n'ont point de valeur dans la mesure ; elles la prennent sur la durée de la note à laquelle elles sont liées.

Le piqué (... ııı) qui se place au dessus des notes indique qu'il faut détacher et bien faire sentir toutes les notes

Le trille (tr~~) consiste dans un battement alternatif de la note sur laquelle il est marqué, avec une autre note d'un ton ou d'un demi-ton au dessus.

La reprise ⁞‖ indique qu'il faut reprendre du côté où sont les points

La ligne d'achèvement ou finale, se marque ainsi: ‖

La lettre F signifie: fort

Les 2 F signifient très-fort

Le signe < se nomme crescendo et indique qu'il faut augmenter le son. Le signe > se nomme decrescendo et indique qu'il faut diminuer le son.

Les lettres D.C. signifient Da capo et indiquent qu'il faut reprendre au commencement.

Le signe 𝄋 signifie renvoi du signe au signe.

Le signe ⁒ signifie: répétition de mesure: ⁒

La lettre « P » signifie: piano ou doux. Les 2 P signifient très-doux

Largo signifie lent

Larghetto: moins lent

Adagio: posément.

Andante: moins vite que Largo.

Andantino: moins vite qu'Andante

Allegro: gai

Allegretto: moins vite qu'Allegro.

Amoroso signifie amoureusement.
Grazioso : gracieusement.
Modérato : modérément.
Presto : vite. Prestissimo : très-vite.

N. B. — Avant de passer aux règles de la Sténographie-Musicale, j'appelle l'attention des lecteurs sur le tableau ci-après au moyen duquel ils verront de suite l'avantage qu'il y a à se servir de mes sténogrammes placés au dessous de chaque note noire. Chaque sténogramme porte avec lui le nom de la note sa valeur et son octave, tout cela tracé le plus souvent d'un seul trait de plume et toujours avec lisibilité.

Ce tableau où figurent toutes les notes à toutes les octaves devra être consulté lorsque on fera des traductions en sténographie musicale.

Tableau de l'Etendue générale de la Musique en Clé de Sol.

Premièrement. Notes graves.

clé

do ré mi fa sol { la si do ré mi fa sol { la si do ré mi fa sol { la si do

clé

3ème octave { 2e octave { 1ère octave { 1ère octave

Sténographie musicale Labatut

La méthode 3f,50 c.

En Vente : aux bureaux de la musique sténographiée rue Bayaz 18

à Condom (Gers)

Deuxièmement. — Notes aigues.

sol clé la si do ré mi fa { sol la si do ré mi fa { sol la si do ré mi fa {

1ère octave { 2e octave { 3e octave {

(suite page 21)

Sténographie musicale Labatut.

Feuilles de propagande :

Alphabets. Le cent, 5 fr. franco.

En vente aux Bureaux de la musique sténographiée rue Bazès 18

à Condom (Gers)

5e Série.

Deuxièmement. — Notes aigues (suite)

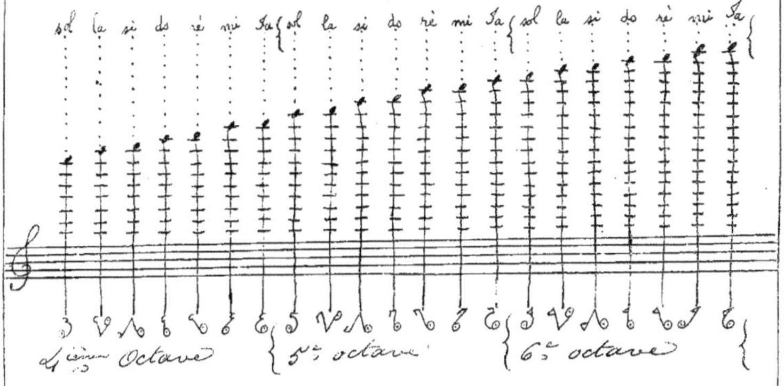

sol la si do ré mi fa { sol la si do ré mi fa { sol la si do ré mi fa }

4ième Octave { 5e octave { 6e octave }

Voir la fin page 22

Page 22.21.

Étendue générale de la musique
en clé de Sol

Les cent tableaux 9 fr.

(Envoi franco)

Deuxièmement. — Notes aiguës. (fin)

sol la si do ré mi fa { sol la si do

7ième octave { 8e octave

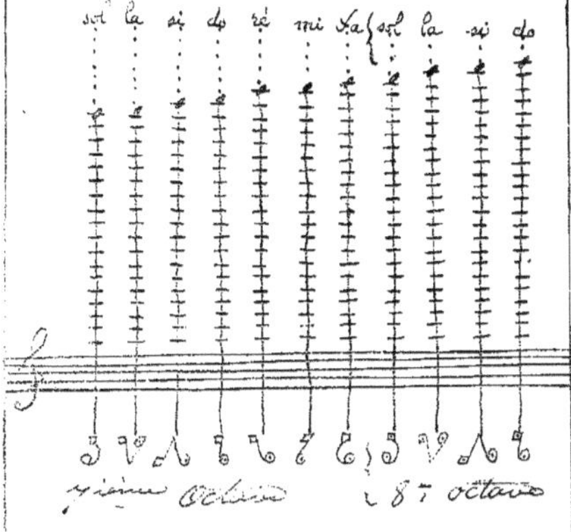

Fin

Le Système sténographique musical Labatut, n'exige aucune connaissance de la Sténographie. Il sert pour les airs les plus difficiles et les plus compliqués et pour tous les instruments.

Sténographie musicale

§. 1. — De la Clé.

La Clé de Sol est seule usitée. Elle est la base des Octaves des Notes unies à leurs noms et à leurs valeurs par un seul trait de plume.

§. 2 — Des Notes.

Les sept Notes de la Musique : do, ré, mi, fa, sol, la, si, sont représentées de la manière suivante :

Le do par une ligne verticale . . . . |

Le ré par une oblique tracée de gauche à droite . . . . \

Le mi par une oblique tracée de droite à gauche . . /

Le fa par un demi cercle en forme de C . . . . (

Le sol par un demi cercle en forme de C retourné)

Le la par la lettre V V

Le si par la lettre V renversée . . . . . . Λ

S. 3 — Des figures de Notes ou Valeurs.

Les sept figures de notes ou valeurs : ronde, blanche, noire, croche, double-croche, triple-croche et quadruple croche, sont représentés comme suit :

La Ronde par un cercle bouclé . . . . ⊙
La Blanche par un cercle . . . . ○
La Noire par un cercle pointé . . . . ⊙
La Croche par un petit demi cercle c
La Double-Croche par deux petits cercles superposés 8
La Triple-Croche par trois petits cercles superposés 8
La Quadruple croche par quatre petits cercles superposés . . . 8

S. 4 — Union des Notes aux Valeurs.

On remarquera dans le Tableau qui va suivre, que toutes les valeurs des Notes sont tracées en suivant le mouvement donné par le commencement du signe indicatif du nom de la note, c'est-à-dire en avançant excepté fa, sol triples-croches, quadruple croche. On doit tracer les valeurs en avançant, toutes les fois qu'il y a possibilité pour la liaison

D. Lobaux Imprimeur Autographe à Condom (Gers)

sans angle des valeurs avec leurs octaves au dessous du sol de la clé.

Tableau 1.

I \ / ( ) V Λ

§ 5. — Des Silences.

Les sept silences sont représentés purement et simplement par les valeurs des Notes. Ils seront d'autant plus faciles à distinguer, qu'ils ne sont jamais unis aux noms des notes ni aux octaves, mais au contraire, écrits isolément, à la place de la note qu'ils remplacent dans la mesure.

§. 6. — Octaves des Notes.

Règle générale. = Les Octaves s'écrivent au dessus ou au commencement du tracé du nom de la Note, et au dessous ou à la fin du tracé de la valeur de la note.

Elles s'écrivent au dessus ou au commencement du tracé du nom de la note, lorsque cette note est plus haute que le sol de la Clé ou lui est égale.

Elles s'écrivent au dessous ou à la fin du tracé de la valeur de la note lorsque cette note est plus basse que le sol de la clé

§. 7. — Chiffres des Octaves.

Les Chiffres sténographiques employés pour l'indication des Octaves sont les suivants :

Tableau 2.

Octaves	1ère	2e	3e	4e	5e	6e	7e
Chiffres	— ou |	\ ou /	∩	(ou)	└ ou ┌	△	□

§. 8 — Répartition des Chiffres octaves.

Ces Chiffres sont répartis ainsi :

— Tableau 3 —

Sur le Nom de la Note.		A la suite de la Valeur de la Note.	
1ère octave au dessus du Sol . . .	— |	1ère octave au dessus du sol . .	—
2e . . . id	\ /	2e . . . . . id	\ /
3e . . . . id	[illegible]	3e . . . . . . id	[illegible]
4e . . . . . id	[illegible]	4e . . . . . . id	Néant
5e . . . . id	└┌	5e	id
6e . . . . . id	Δ	6e	id
7e . . . . . . id	□	7e	id

§. 9 — Explication des Octaves.

Manière de les unir aux noms des Notes et aux Valeurs.

Première octave.

La première octave au dessus du sol se marque par une petite horizontale sur les notes do, ré, mi, la, si et par une petite verticale sur les notes fa et sol.

Tableau 4

	do	ré	mi	la	si	fa	sol
⊙	[illegible]	[illegible]	[illegible]	[illegible]	[illegible]	[illegible]	[illegible]
o	[illegible]	[illegible]	[illegible]	[illegible]	[illegible]	[illegible]	[illegible]
⊙	[illegible]	[illegible]	[illegible]	[illegible]	[illegible]	[illegible]	[illegible]
◡	[illegible]	[illegible]	[illegible]	[illegible]	[illegible]	[illegible]	[illegible]
8	[illegible]	[illegible]	[illegible]	[illegible]	[illegible]	[illegible]	[illegible]
8	[illegible]	[illegible]	[illegible]	[illegible]	[illegible]	[illegible]	[illegible]
8	[illegible]	[illegible]	[illegible]	[illegible]	[illegible]	[illegible]	[illegible]

La première octave au dessous du sol se marque par une petite horizontale à la fin du tracé de la valeur de notes déjà précédées du nom de la note.

Tableau 5

	I	\	/	(	)	V	Λ
⊙	[illegible]	[illegible]	[illegible]	[illegible]	[illegible]	[illegible]	[illegible]
o	[illegible]	[illegible]	[illegible]	[illegible]	[illegible]	[illegible]	[illegible]
⊙	[illegible]	[illegible]	[illegible]	[illegible]	[illegible]	[illegible]	[illegible]
◡	[illegible]	[illegible]	[illegible]	[illegible]	[illegible]	[illegible]	[illegible]
8	[illegible]	[illegible]	[illegible]	[illegible]	[illegible]	[illegible]	[illegible]
8	[illegible]	[illegible]	[illegible]	[illegible]	[illegible]	[illegible]	[illegible]
8	[illegible]	[illegible]	[illegible]	[illegible]	[illegible]	[illegible]	[illegible]

Remarque. — On verra dans ce tableau

que tous les sténogrammes sont écrits d'un seul trait de plume et par suite que les angles sont évités le plus possible dans le tracé. On ne sera point embarrassé de faire ainsi lorsqu'il s'agira d'écrire cette octave à la suite des doubles-croches, triples et quadruples croches, si l'on commence le tracé du nom de la note de bas en haut toutes les fois que cela est nécessaire, et si on écrit les valeurs en reculant, pour que l'octave puisse se suivre sans le moindre inconvénient. De cette manière, on évitera les angles et on arrivera à écrire les notes avec rapidité et lisibilité à la fois.

Deuxième octave.

La deuxième octave au dessus du sol, se marque par une petite oblique tracée de gauche à droite sur les notes do, mi, fa, si, et par une petite oblique tracée de droite à gauche sur les notes ré, sol, la.

Tableau 6

| / (∧ \ ) V

La deuxième octave au-dessous du sol se marque à la fin du tracé de la valeur des notes par une petite oblique tracée de gauche à droite pour les valeurs précédées de do, mi, sol, la, et par une petite oblique tracée de droite à gauche pour les valeurs précédées de ré, fa, si.

La Remarque faite au Tableau 5 s'applique aussi à cette octave.

Tableau 7.

do	do	do	do	do	do	do
mi	mi	mi	mi	mi	mi	mi
sol	sol	sol	sol	sol	sol	sol
la	la	la	la	la	la	la
ré	ré	ré	ré	ré	ré	ré
fa	fa	fa	fa	fa	fa	fa
si	si	si	si	si	si	si

Troisième octave

La troisième octave au dessus du sol se marque par un petit demi-cercle tracé sans angle sur la note.

Tableau 8

La troisième octave au dessous du Sol, se marque par un petit demi-cercle placé à la fin du tracé de la valeur des notes.

Tableau 9

do	do	do	do	do	do	do
ré	ré	ré	ré	ré	ré	ré
mi	mi	mi	mi	mi	mi	mi
fa	fa	fa	fa	fa	fa	fa
sol	sol	sol	sol	sol	sol	sol
la	la	la	la	la	la	la
si	si	si	si	si	si	si

Remarque

Dans ce tableau, les croches, doubles, triples et quadruples croches, sont tracés en reculant afin de bien distinguer l'octave qui les suit.

Quatrième octave.

La quatrième octave au dessus du sol se marque par un petit demi cercle, placé sur les notes, ayant la forme d'un C ou d'un C retourné.

Tableau 10

Cinquième octave.

La cinquième octave au dessus du sol se marque par un angle tracé sur les notes.

Tableau 11.

Sixième octave.

La sixième octave au dessus du sol se marque par un triangle placé sur les notes :

Tableau 12.

Septième octave

La septième octave au dessus du sol se marque par un carré placé sur les notes :

Tableau 13

Abréviations des signes d'octaves et valeurs.

Lorsque dans une mesure toutes les notes sont à la même octave, la première note seulement porte l'indication de l'octave; mais on usera de ce procédé avec précaution lorsqu'on voudra abréger, suivant le cas, la longueur des mesures par les doubles-notes dont il sera question au paragraphe 17.

Lorsque dans une mesure, toutes les notes seront des blanches ou des noires, la première note porte seulement la valeur.

§. 10. — Des Modes majeurs et mineurs et des signes altératifs.

Les ton d'un morceau est indiqué par les signes altératifs écrits au commencement de la ligne musicale. Il sera ainsi possible de savoir dans quel ton on se trouve, sachant qu'avec un dièze, on est en sol majeur ou en mi mineur; avec deux dièzes, en ré majeur ou en si mineur f_5^a; et que le premier dièze exerce sa fonction sur le fa, le second sur le do 4/4. — Le ton pourra être d'ailleurs écrit en toutes lettres en tête du morceau.

Les signes altératifs en usage dans la musique vulgaire sont remplacés dans la musique sténographiée par des signes plus simples et plus faciles à tracer.

Tableau 14.

Dièze	⅂
Double dièze	⅂ (barré)
Bémol	L
Double bémol	L (barré)
Bécarre	×

§. 11. — De la Mesure.

La barre perpendiculaire servant à séparer les mesures est remplacée par deux petites lignes horizontales placées entre chaque mesure. Cette séparation sera toujours de même dimension dans le morceau et partira du dernier sténogramme sans le toucher : =

L'indication de la mesure sera écrite comme à l'ordinaire ou en toutes lettres en tête du morceau.

§. 12. — De la ligne d'achèvements et des reprises.

La ligne d'achèvement sera tracée de la même manière que la mesure, avec cette différence que les deux petites horizontales seront coupées par une verticale: ⫩

La reprise s'écrira comme à l'ordinaire par deux points placés au dessus et au dessous des lignes de séparation: ⩨.

§. 13 — Des Séries de Notes, triolets, sextolets &a; dans la musique vocale et instrumentale.

Les Croches, doubles, triples et quadruples croches qui se succèdent dans la mesure, forment ce qu'on appelle des séries de notes, qu'il est avantageux de réunir surtout pour la musique instrumentale, par des lignes appelées lignes de séries placées toujours sous les notes.

Les lignes de séries sont au nombre de quatre, savoir:

Tableau 15.

Pour les croches	~~~~
Pour les doubles croches	~~~~~
Pour les triples croches	~~~~~~
Pour les quadruples croches	~~~~~~~

Les triolets et sextolets;

seront aussi réunis par les lignes de séries. Ils seront indiqués par le chiffre ordinaire qui leur convient, lequel sera placé au-dessous de la ligne de série.

Les valeurs des notes, ainsi réunis, ne seront pas écrits. Par conséquent, le petit demi cercle de la croche, les deux petits cercles de la double-croche, les trois de la triple-croche et les quatre de la quadruple-croche, seront dans ce cas supprimés; ne subsisteront, que le signe de l'octave et le nom de la note.

Dans la musique vocale au contraire, on ne pourra faire qu'un petit usage des lignes de séries. Les valeurs seront exprimées par leurs figures, les notes seront écrits de la manière qu'il convient pour le chant.

S. 14. — Des Syncopes et des Liaisons.

Les Syncopes et les Liaisons indiquées par ce signe ⌒ dans la musique vulgaire, le seront aussi par le même signe dans la musique sténographiée, avec cette différence que le signe sera toujours placé au-dessus des notes.

S. 15 — Du point et des Signes divers employés dans la musique.

Le Point qui augmente la note de la moitié de sa valeur, le second Point qui l'augmente encore de la valeur du premier point, le point d'orgue, le piqué, le détaché, le crescendo, le decrescendo, le gruppetto et tous les signes de nuances employés dans la musique, demeurent intacts dans la musique sténographiée. On pourra les écrire par leurs signes respectifs, comme on les a vus dans les Notions préliminaires, ou bien en toutes lettres. Toutefois, les signes crescendo et decrescendo lorsqu'ils s'étendent sur plusieurs notes seront écrits ainsi : ——< >——

S. 16 — Des Notes d'agrément.

Les petites notes ou notes d'agrément, auront dans la musique sténographiée la moitié de la grandeur des notes ordinaires. Ces petites notes seront traversées d'un demi cercle qui les liera avec la note suivante. Mais on pourra, dans le début, et sans le moindre inconvénient, tracer les notes d'agrément de la grandeur des notes ordinaires.

Exemple de Notes d'agrément :

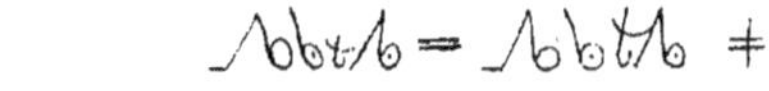

Lorsque les petites notes formeront un groupe le demi cercle, alors sous l'aspect d'une liaison partira de la première note jusqu'à la note ordinaire

Exemple :

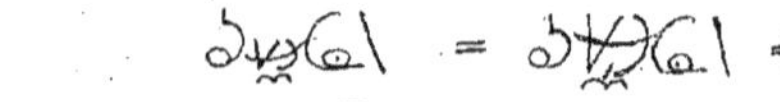

Le Grupetto sera écrit dans la mesure entre les Notes par son signe particulier : ~ ou par les petites notes.

Exemple :

§. 17 — Des Doubles Notes ; de leur emploi au point de vue de l'abréviation des mesures.

1° Les Doubles notes sont deux notes entrelacées dont la première à exécuter est seulement marquée de l'octave et de la valeur, la seconde ne différant de la première que par le nom.

2° Les Doubles-notes ont

pour but d'abréger la longueur de quelques mesures.

3° Les notes que l'on voudra entrelacer devront être de la même octave et de la même valeur afin qu'il soit possible de distinguer la première à exécuter.

4° Mais la valeur n'est écrite à la suite de la première note que si cette valeur est une ronde, une blanche ou une noire. Pour ce qui est des autres valeurs, on se servira des lignes de séries, ce qui sera plus facile et plus rapide.

5° Toutes les doubles notes devront être tracées conformément aux tableaux ci-après qui sont au nombre de vingt.

Les 10 premiers tableaux, (Valeurs écrites) comprennent toutes les notes entrelacées portant la valeur de la ronde et l'indication des octaves au dessus et au dessous du sol de la clé.

Étant donnée la valeur de la ronde à la suite de chaque note, il sera facile de tracer aussi les octaves à la suite d'une blanche ou d'une noire, de même que sur les notes ayant ces valeurs

Les dix derniers tableaux (Valeurs -

non écrits) comprennent toutes les notes portant seulement l'indication des octaves sur le nom de la note et à la fin du nom de la note, puisque les quatre dernières valeurs au lieu d'être écrits seront remplacés par les lignes de séries qui sont précédemment indiqués.

Premièrement

— Valeurs écrites —

Première octave au dessus du sol sur toutes les Notes accompagnées de la Ronde.

Tableau 1

Première octave au dessous du Sol à la suite de la valeur des Nots :

Tableau 2

Deuxième octave au dessous du Sol sur toutes les Nots :

Tableau 3

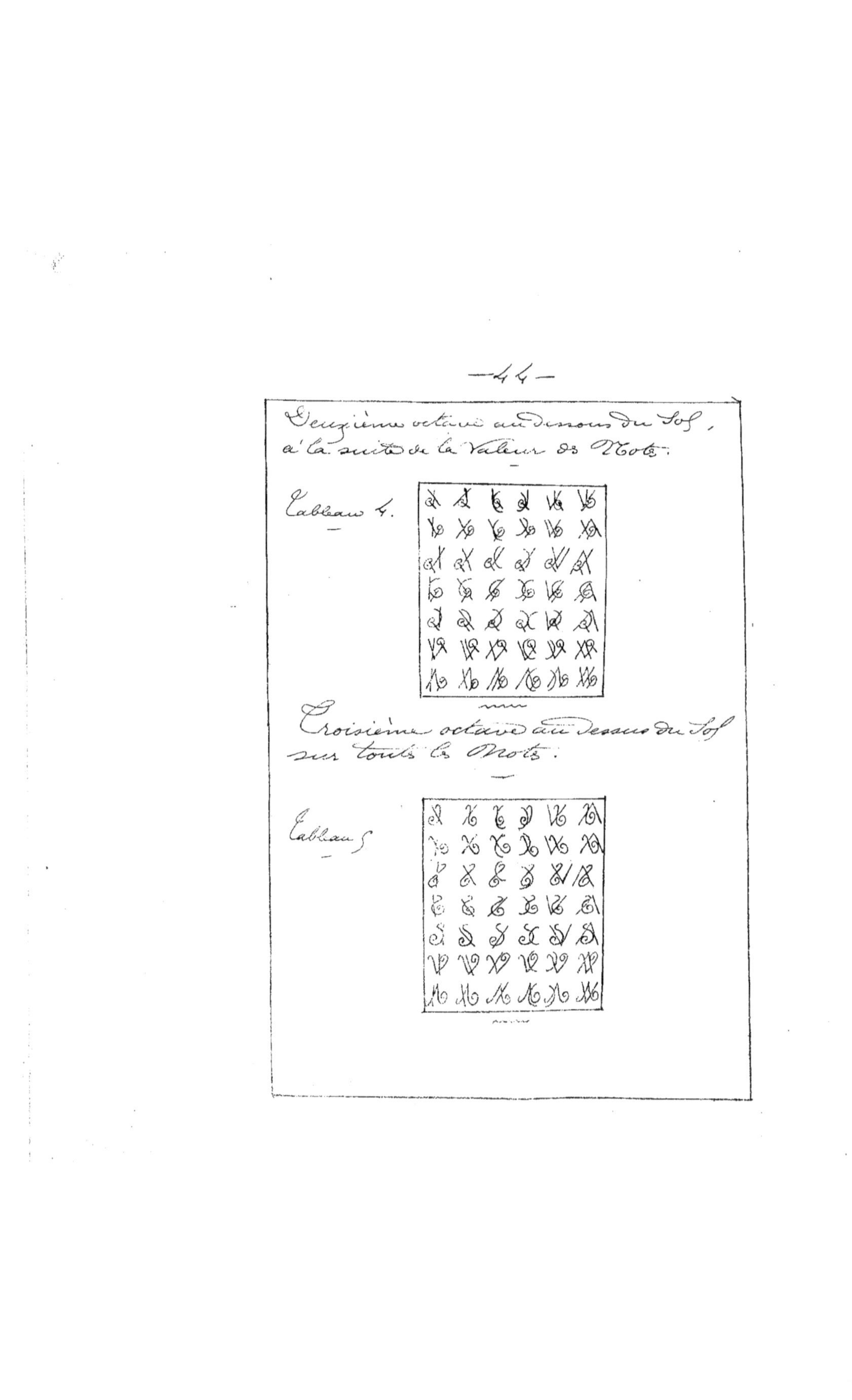

Deuxième octave au dessous du Sol, à la suite de la Valeur des Notes.

Tableau 4.

Troisième octave au dessus du Sol sur toutes les Notes.

Tableau 5

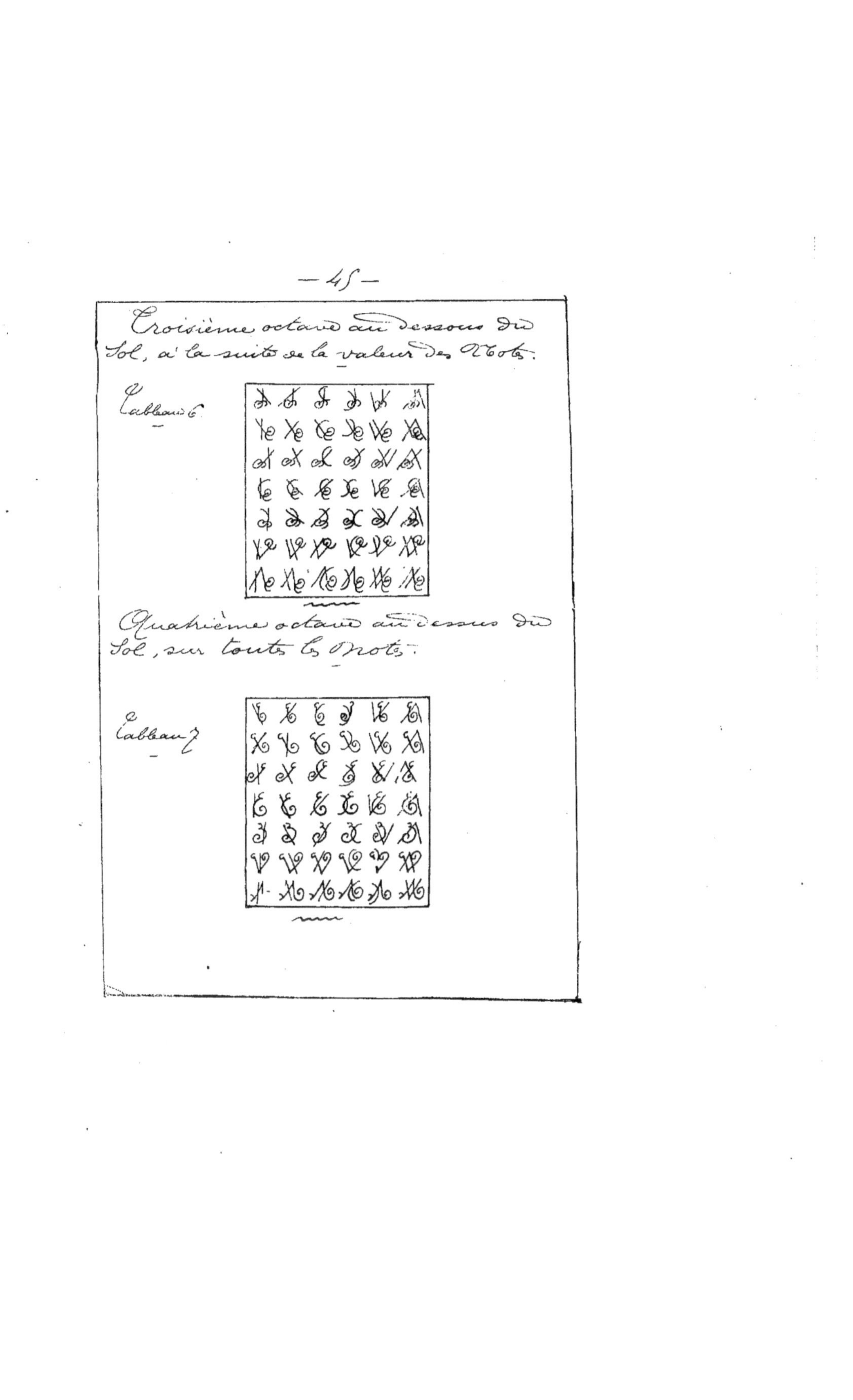

Troisième octave au dessous du Sol, à la suite de la valeur des Notes.

Tableau 6.

Quatrième octave au dessous du Sol, sur toutes les Notes.

Tableau 7.

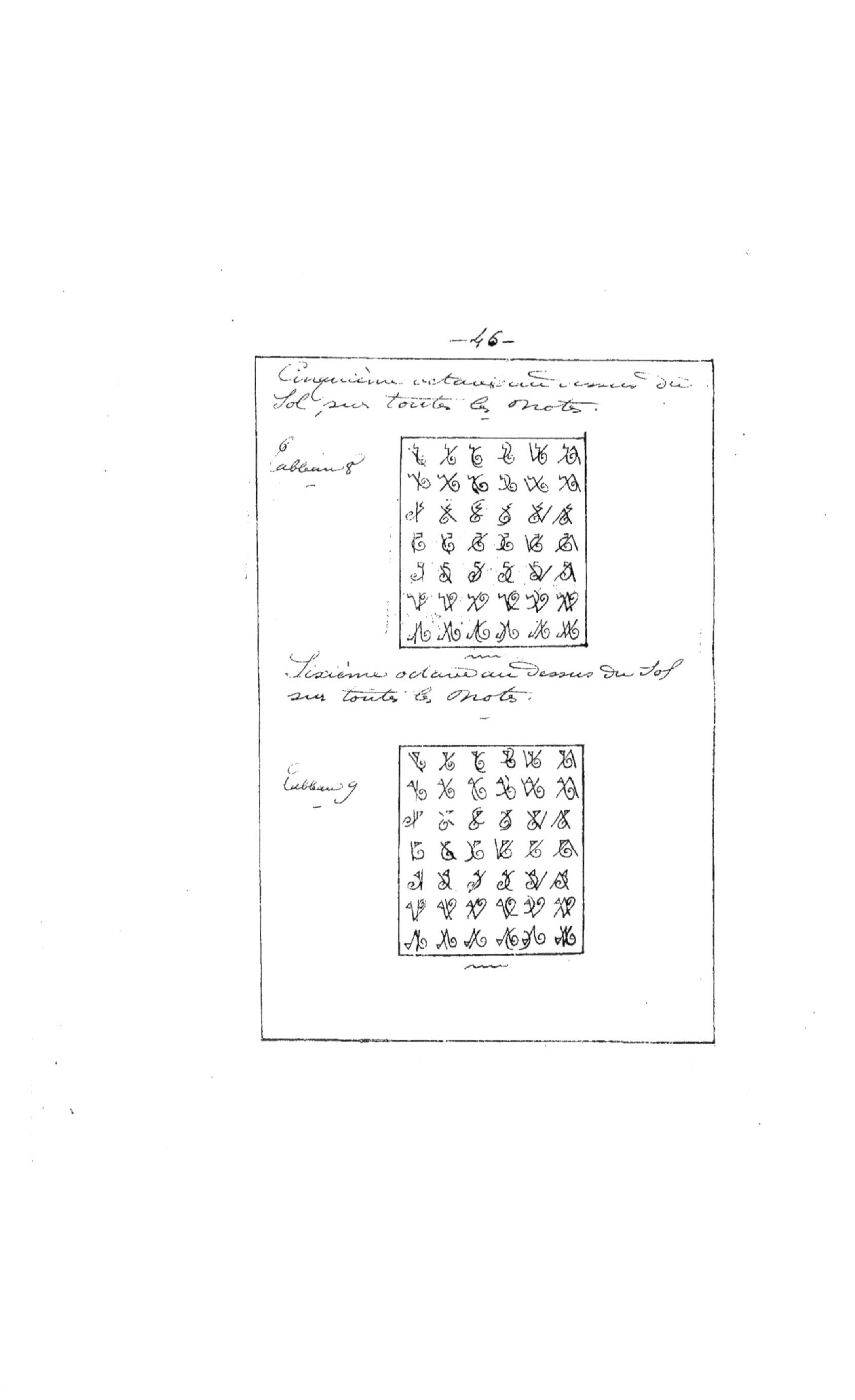

Cinquième octave au dessus du Sol, sur toutes les Notes.

Tableau 8

Sixième octave au dessus du Sol sur toutes les Notes.

Tableau 9

Septième octave au dessus du Sol, sur toutes les Notes:

Tableau 10.

Deuxièmement

Valeurs non-écrites, remplacées par les lignes des séries.

Première octave au dessus du Sol sur toutes les Notes.

Tableau 11

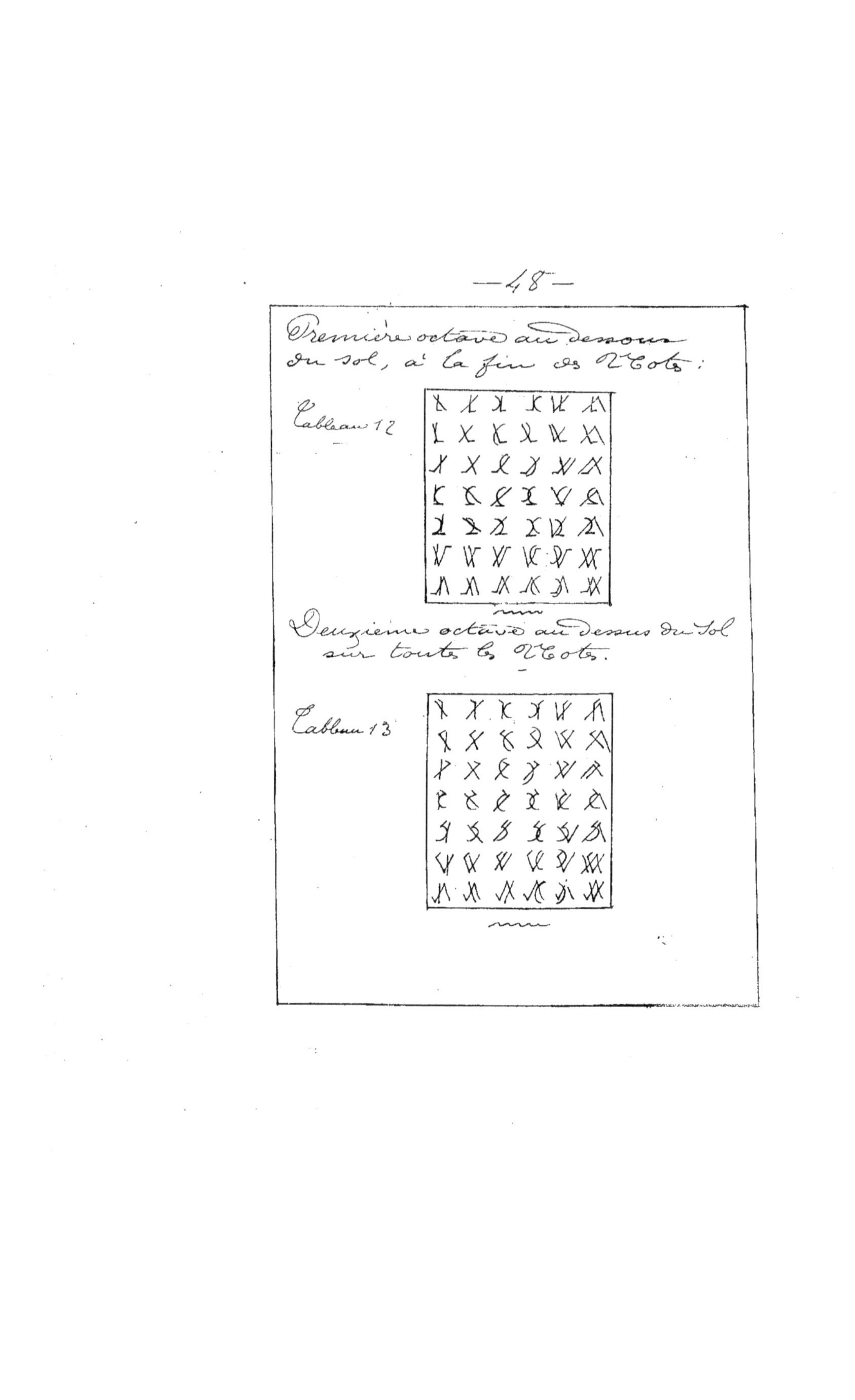

Première octave au dessous du sol, à la fin des Notes :

Tableau 12

Deuxième octave au dessus du sol sur toutes les Notes.

Tableau 13

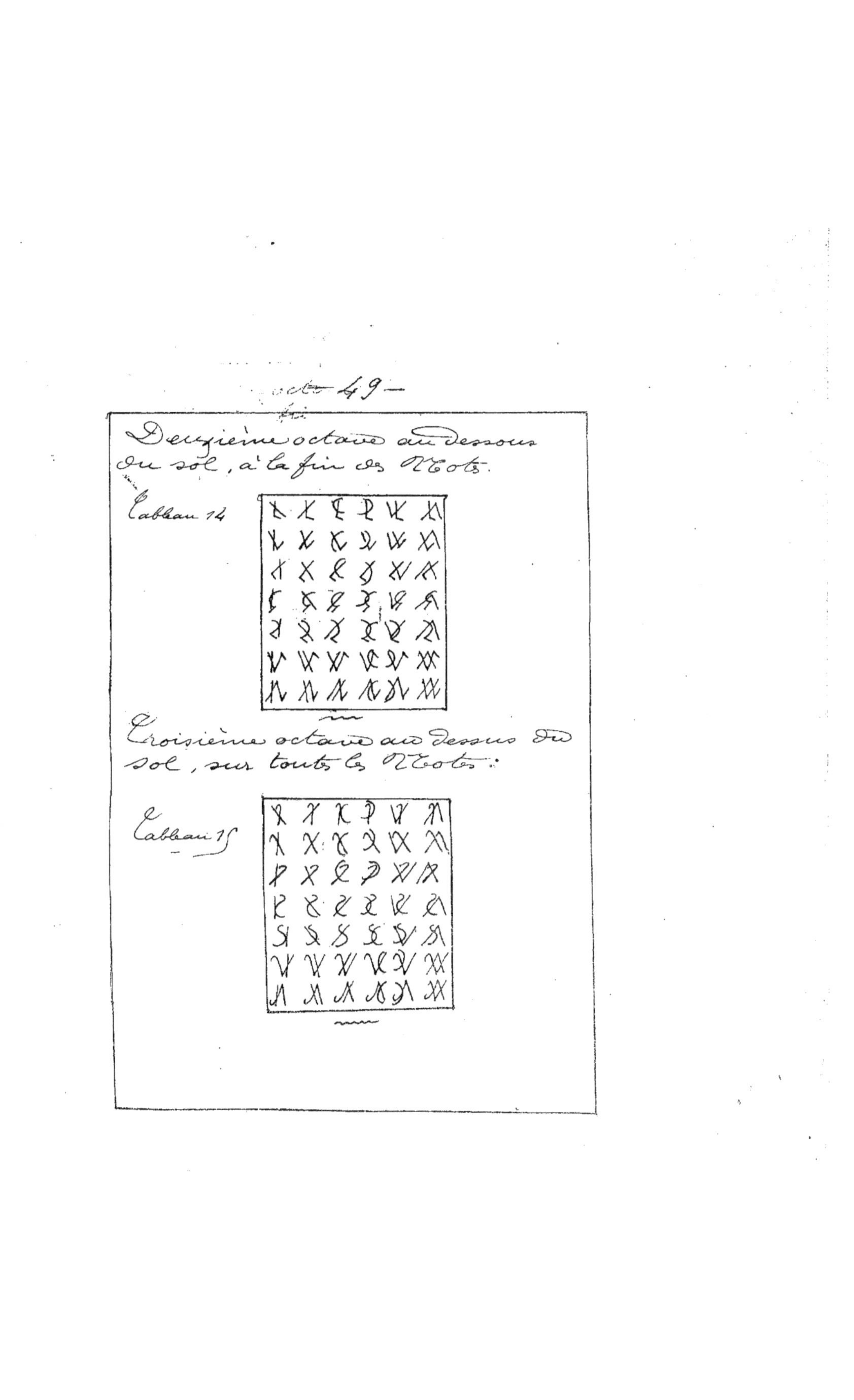

Deuxième octave au dessous du sol, à la fin des Mots.

Tableau 14

Troisième octave au dessus du sol, sur toutes les Notes :

Tableau 15

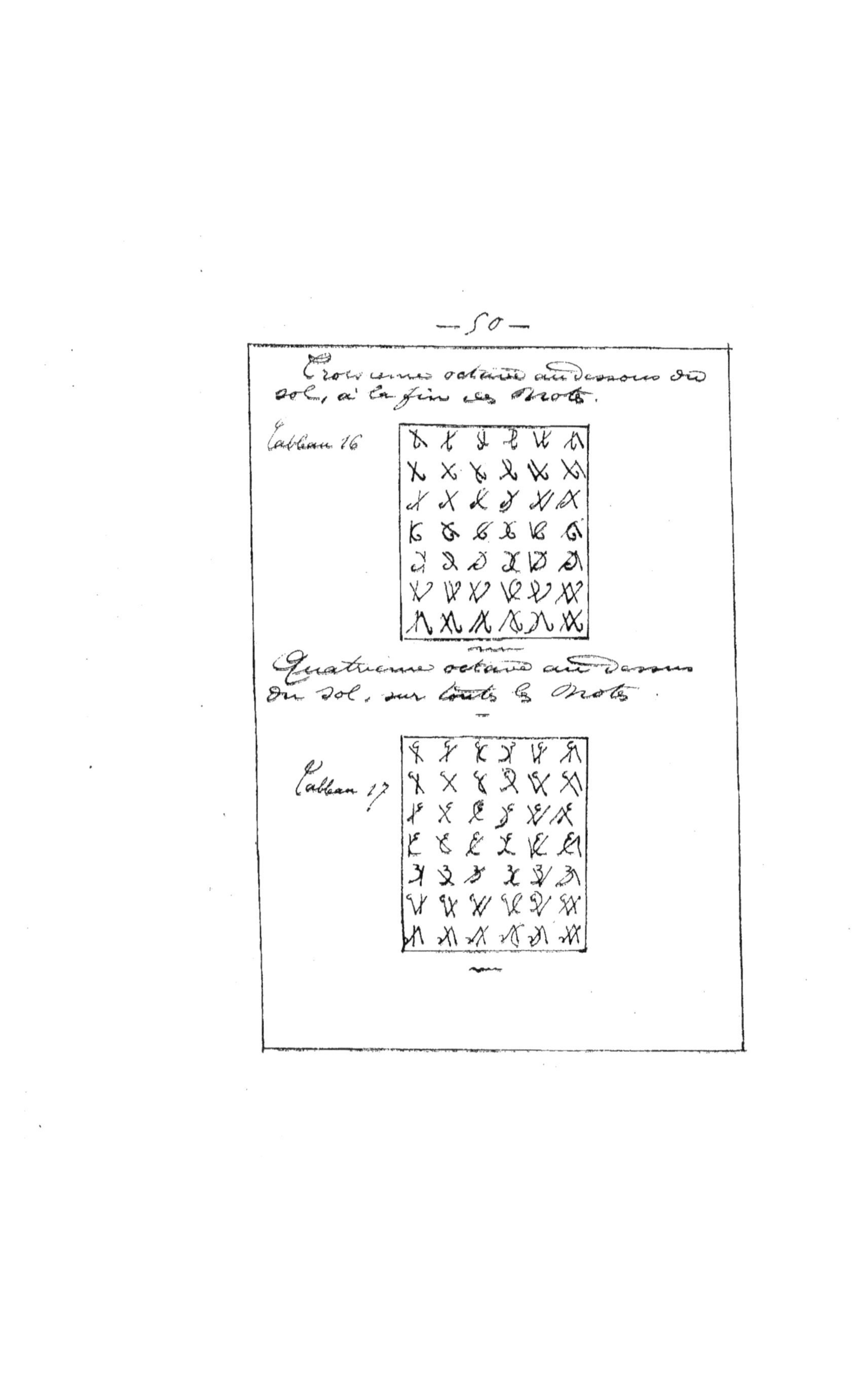

Troisième octave au dessous du sol, à la fin des Notes.

Tableau 16

Quatrième octave au dessous du sol, sur toutes les Notes.

Tableau 17

Cinquième octave au dessus du Sol sur toutes les Notes.

Tableau 18

Sixième octave au dessus du Sol sur toutes les Notes.

Tableau 19

Septième octave au dessus du Sol, sur toutes les Notes :

Tableau 20

Observation importante sur les Doubles-Notes d'abréviation.

Ainsi que je l'ai dit plus haut, on ne doit employer les doubles-notes, que lorsque certaines mesures trop longues, les rendent nécessaires.

On n'aura à se servir que rarement des doubles Notes composant la première série (Valeurs écrites) ; mais on usera, au contraire, souvent de la deuxième série (Valeurs non-écrites) d'autant mieux qu'elle est plus facile à lire et à écrire et en même temps plus rapide, puisque les valeurs sont remplacées par les lignes des séries.

Dans l'écriture des doubles-notes qui nous occupent, on se rappellera que c'est seulement la première note à exécuter qui doit porter l'octave et s'il y a lieu la valeur

~~~~~~~~

S. 18. — Application de ce qui précède ou Exercices de traduction.

—

Afin de se bien pénétrer des règles de la Sténographie musicale et de parvenir à l'écrire correctement, j'engage ceux de mes lecteurs qui sont musiciens, à faire des exercices de traductions dans le genre de ceux qui suivent et à s'exercer ensuite à chanter ou à jouer des morceaux sténographiés.

Quant à ceux qui ne connaissent pas la musique, ils l'apprendront en bien moins de temps avec mon système sténographique que ne l'aura fait un musicien avec la musique sur portées.

On consultera les Tableaux des octaves et ceux des doubles-notes, dans les exercices de traductions.

—×—
~~~~~~~~

Exercices

La première ligne est la musique sur portée.

La deuxième ligne est la musique sténographiée.

1er Exercice

à la première octave au dessus du Sol et à la première au dessous, écrit sans accidents ni lignes ou séries

Mesure à quatre temps

Morceau en do majeur.

(Rodolphe)

2e Exercice

aux mêmes octaves que le précédent où l'on verra qu'il est avantageux de se servir des lignes de séries.

(Rodolphe)

3e Exercice

aux mêmes octaves, où l'on verra que lorsque toutes les notes d'une mesure sont des blanches ou des noires, la première note porte seulement la valeur.

(Rodolphe)

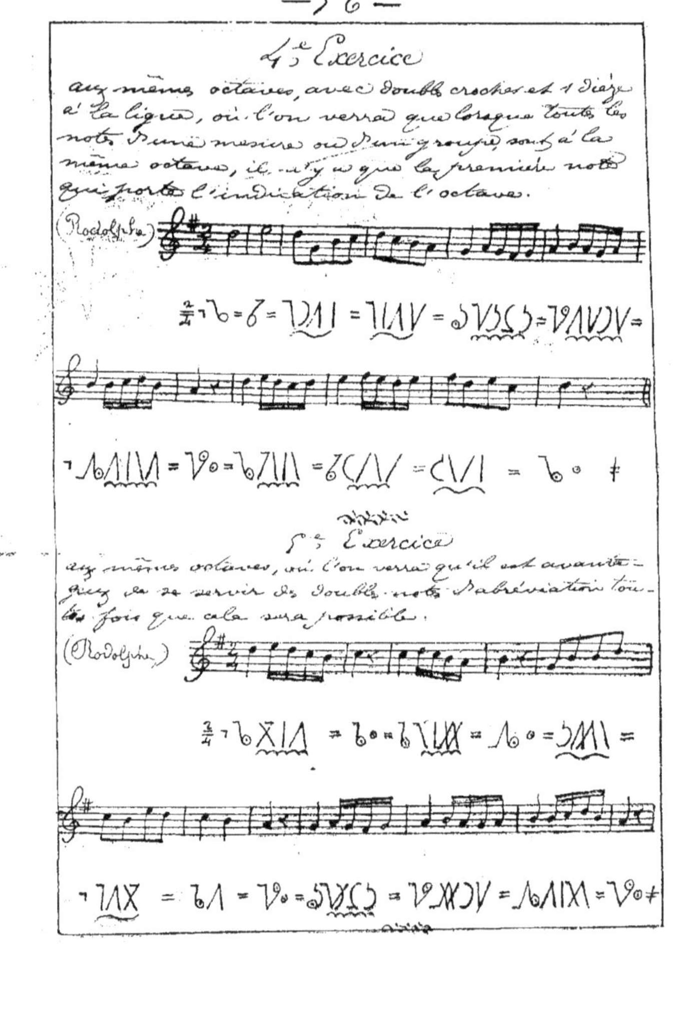

4e Exercice

aux mêmes octaves, avec doubles croches et 1 dièze à la ligne, où l'on verra que lorsque toutes les notes d'une mesure ou d'un groupe sont à la même octave, il n'y a que la première note qui porte l'indication de l'octave.

(Rodolphe)

5e Exercice

aux mêmes octaves, où l'on verra qu'il est avantageux de se servir des doubles notes d'abréviation toutes fois que cela sera possible.

(Rodolphe)

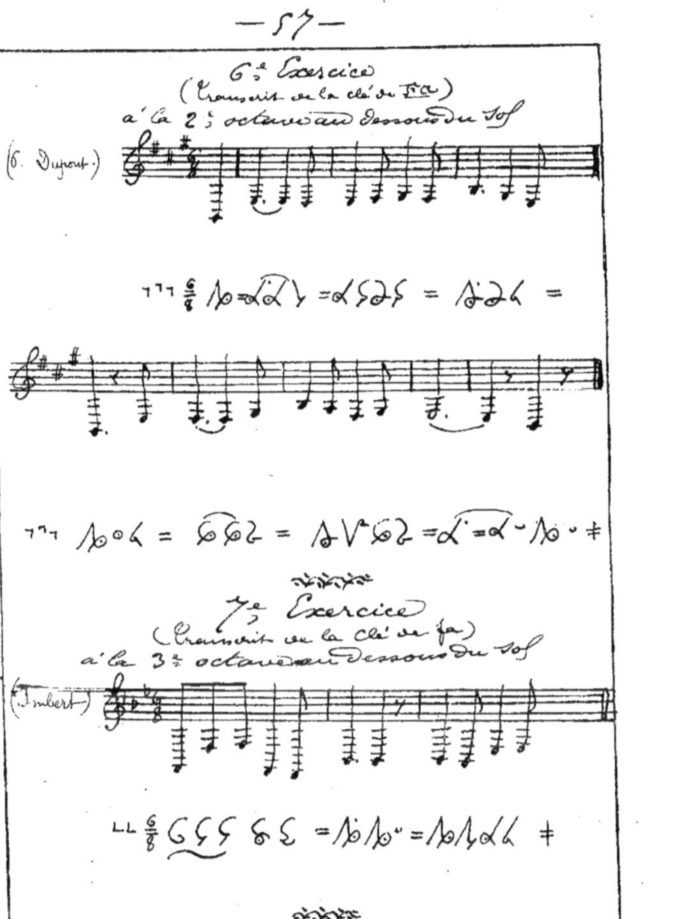
6e Exercice
(Transcrit de la clé de Fa)
à la 2e octave au dessous du sol
(G. Dupont)
7e Exercice
(Transcrit de la Clé de fa)
à la 3e octave au dessous du sol
(Imbert)

8e Exercice

à la troisième octave au dessus du Sol avec Unissons et autres signes, où l'on verra que la croche suivie de deux doubles-croches peuvent être réunies ensemble par une seule ligne de série.

(P. Léger)

9e Exercice

à la deuxième octave au dessus du Sol avec trémolo à la ligne et triolets.

(Verdi)

10e Exercice
à la douzième octave au dessus du Sol,
avec triples-croches.
(G. Verdi)
11e Exercice
à la même octave, avec notes d'agréments.
(Rodolphe)

12e Exercice
Récapitulation
des précédents.

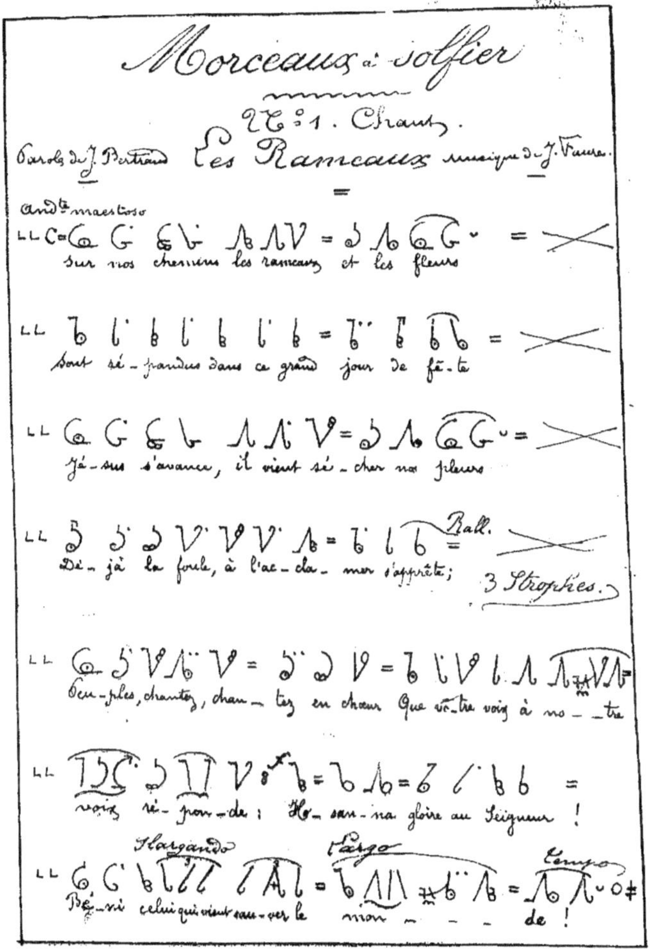

Morceaux à solfier

N° 1. Chant.

Paroles de J. Bertrand **Les Rameaux** musique de J. Faure.

Andte maestoso

Sur nos chemins les rameaux et les fleurs

Sont ré-pandus dans ce grand jour de fê-te

Jé-sus s'avance, il vient sé-cher nos pleurs

Dé-jà la foule, à l'ac-cla-mer s'apprête; Rall.

3 Strophes.

Peu-ples, chantez, chan-tez en chœur Que vo-tre voix à no-tre

voix ré-pon-de : Ho-san-na gloire au Seigneur !

Slargando Largo Tempo

Bé-ni celui qui vient sau-ver le mon - - - de !

(Musique de G. Vasi) N° 2 (Pour instrument)

Mélodie de Jeanne d'Arc

Allegro moderato.

mf.

1ère fois — 2e fois

— fin —

§. 19. — Des Doubles Notes, au point de vue de leur exécution dans la musique.

A ceux qui n'ont pas d'instruments à cordes, à touches ou à soufflet, l'écriture des doubles-notes qui vont suivre ne sera pas utile, car elles ne s'appliquent qu'à la musique pour ces instruments.

Les Doubles-notes étant dans tous les cas, de même valeur, il n'y a de différence dans celles qui nous occupent avec celles qui précèdent, que par le tracé de l'octave particulière à chaque note entrelacée.

Donc, comme exécution dans la musique, les doubles notes, qui ont toujours la même valeur, n'ont pas toujours la même octave.

C'est pourquoi, les deux notes entrelacées s'exécutent ensemble par un même mouvement.

Définitions.

1° Les doubles notes étant toujours de la même valeur, une seule note doit porter la valeur.

Exemple : Vo.

2° Si les doubles notes appartiennent à des octaves au-dessus du sol de la clé, chaque note portera son octave particulière.

Exemple : Zo

3° Si les doubles notes appartiennent à des octaves au-dessous du sol de la clé, une octave sera tracée à la suite de la valeur et l'autre à la suite du nom de la note. Exemple : Xo

4° Si les double-notes appartiennent à des octaves au dessus et au dessous du sol de la clé, l'octave au dessous sera écrite à la suite de la valeur et celle au dessus sera écrite sur le nom de la note non suivie de la valeur.

Exemple : Ȼ

5° Lorsque les double notes appartiennent à la même octave, une seule note portera seulement l'octave.

Exemple : Ƀ

6° Lorsque les double-notes auront l'une des quatre dernières valeurs, on fera usage des lignes de séries.

Exemple :

Ꝟ Ꝟ Ȼ Ȼ Ƀ Ɱ.

7° Lorsque les double notes seront du même nom, elles seront jointes ensemble et ce qui vient d'être dit leur sera aussi appliqué.

Exemple Ȼ Ƀ Ꝟ.

Les sténogrammes formés par les doubles notes à exécuter, sont au nombre de 28. En effet, chaque note de la gamme montante, accompagnée de sa suivante, donne le résultat ci-après.

do do — do ré — do mi — do fa — do sol — do la — do si.
ou : ré do — mi do — fa do — sol do — la do — si do

ré ré — ré mi — ré fa — ré sol — ré la — ré si
ou : mi ré — fa ré — sol ré — la ré — si ré.

mi mi — mi fa — mi sol — mi la — mi si.
ou : fa mi — sol mi — la mi — si mi.

fa fa — fa sol — fa la — fa si
ou : sol fa — la fa — si fa.

sol sol — sol la — sol si
ou : la sol — si sol.

la la — la si
ou : si la

si si :

S. 20. — Exercices sur les Doubles-Notes d'exécution.

Exercice en rondes.

(majeur)

= 4

Exercice en blanches.
Exercice en Noires.
Exercice en croches et doubles croches.
(Kreutzer)

S. 21 — Des triples notes

Tout ce qui est dit précédemment sur les doubles-notes, sera observé pour les triples notes, avec ce qui suit :

1° Les triples notes sont trois notes entrelacées, dont la première porte seulement la valeur, excepté dans le cas où il y a lieu de faire emploi des lignes de séries.

2° Lorsque les triples notes sont à la même octave, une seule note en porte seulement l'indication

3° Lorsque les triples notes ne sont pas à la même octave, les trois notes doivent porter l'octave

4° Lorsque dans les triples notes, il se trouve un fa ou un sol, la première octave au dessus et au dessous du sol de la clé se trace ainsi : au dessus, ( ) ; au dessous : ( ) ; au lieu de ( ) ; Ω.

Exemples des triples notes.

113 Livr.

§. 22 — Des Quadruples notes.

On observera absolument pour les quadruples notes ce qui est dit sur les doubles notes en y apportant les modifications suivantes :

Quatre notes ne pouvant être entrelacées, sans nuire à leur lisibilité, les deux premières notes seront d'abord écrites, puis on placera les deux autres au dessous.

Dans la musique avec quadruples notes, et par exception, la ligne de séparation des mesures est remplacée par la ligne d'achèvement : ǂ et la ligne d'achèvement est elle-même remplacée par ce signe ǂǂ

Exemple :

ou mieux :

§. 23. — Des Quintuples Notes.

On peut également obtenir des quintuples notes en observant ce qui est dit sur les précédents. On placera les triples notes au dessus et les doubles au dessous, en séparant les mesures comme pour les quadruples notes

Exemple :

Abréviation des Signes altératifs.

Pour pouvoir abréger l'écriture des signes altératifs, il faut : 1° Que les octaves des Notes altérées soient au dessous du sol de la clé ; 2° ou que les octaves des notes au dessus du sol de la clé soient abrégées comme il est indiqué à la fin des tableaux des octaves.

Les signes altératifs ainsi abrégés, seront adaptés au nom de la note altérée, de la manière suivante :

1° Le Dièze sera marqué par une petite ligne horizontale tracée derrière le nom de la note altérée et presque à son extrémité, en faisant toucher.

Ex : † \ ⁄ ꞓ ɜ V Λ.

2° Le Bémol sera marqué également par une petite ligne horizontale tracée devant le nom de la note altérée et presque à son extrémité en faisant toucher.

Ex : † \ ⁄ ꞓ ɜ V Λ

3° Le Double-Dièze, se fera comme le dièze, avec cette différence qu'il sera coupé par une petite verticale ou une petite oblique, suivant le cas.

Ex : † \ ⁄ ꞓ ɜ V Λ

4° Le Double-Bémol, se fera comme le bémol, avec la même différence que pour le dièze.

Ex : † \ ⁄ ꞓ ɜ V Λ

5° Et enfin, le Bécarre, sera représenté par les signes du dièze et du bémol, tracés en forme de croix, presque à l'extrémité du nom de la note remise dans son ton naturel.

Ex : † \ ⁄ ꞓ ɜ V Λ

Conseils pratiques.

Toutes les notes devront être régulières et autant que possible de moyenne grandeur. A cet effet, on tracera au crayon deux lignes horizontales en laissant entre chacune l'espace que l'on jugera convenable à sa portée pour le placement des notes.

Avant d'entreprendre l'exécution d'un morceau de musique sténographiée, on fera d'abord l'analyse des mesures ; puis, on le solfiera en nommant les notes, en observant la durée qui convient à chacune et, lorsqu'on sera sûr de sa lecture, on pourra l'exécuter.

En moins d'une heure, un musicien (après lecture préalablement faite de ma méthode) peut traduire en sténographie musicale un chant quelconque et le solfier ensuite parfaitement.

Fin de la méthode

Tous renseignements plus amples sont donnés gratuitement par l'auteur, à tout acheteur de la présente méthode, sur demande affranchie et contenant un timbre pour la réponse.

En cours de publication :

Le Solfège de Rodolphe

en Sténographie musicale Labatut

Une réduction d'un franc, sera faite sur le prix de l'ouvrage à toutes les personnes qui auront souscrit par lettre à l'adresse de l'auteur de la Méthode, avant le premier Janvier 1890.

Table

www.ingramcontent.com/pod-product-compliance
Lightning Source LLC
LaVergne TN
LVHW020421230826
846091LV00004B/1364
9782019129354